Freundschaft ist die Kunst zu lieben,
ohne jemals zu begehren.
Sie ist die Gunst, jemanden zu wiegen,
ohne dabei zu belehren.
Freundschaft wirkt oft aus der Ferne,
wenn sie einmal Ruhe braucht.
Wahre Freundschaft macht das gerne,
sie taucht ja schließlich wieder auf.
Die Freundschaft lässt, die Freundschaft duldet,
die Freundschaft stellt sich hinten an.
Die Freundschaft tut ganz unverschuldet,
was die Liebe oft nicht kann.

PAUL IN FOLGE 182

HAWI D'EHRE

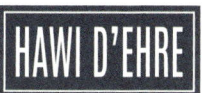

HAWI ALONSO!

Das unschlagbare Freundschaftsbuch

PAUL PIZZERA GABI HILLER PHILIPP HANSA

Eine kleine Übersicht

Über den Podcast und die Autor*innen .... SEITE 04-05

Ein paar Erklärungen zu Beginn .... SEITE 06-07

Dieses Buch gehört... .... SEITE 08-09

Ein Interview über Freundschaft .... SEITE 10-13

Streng geheime Chatverläufe .... SEITE 14-15

Antworten & Kindheitserinnerungen von den Hawis .... SEITE 16-29

Eindrücke von Hawi-Live-Auftritten .... SEITE 30-31

Gemeinschafts-Fragen .... SEITE 32-43

Individuelle Hawi-Alonso-Ausfüllseiten .... SEITE 44-85

Lust auf mehr? .... SEITE 88

ÜBER DEN PODCAST

Paul Pizzera, Gabi Hiller & Philipp Hansa betreiben zusammen den mittlerweile schon legendären Podcast Hawi D'Ehre: Seit Februar 2020 überall, wo es Podcasts gibt, seit September 2024 bei Ö3. Für jedermann und jedefrau, der oder die gerne über das Leben nachdenkt und -hört. Hawi D'Ehre gibt es auch live auf der Bühne – also quasi als Livecast. Ein spontaner und einzigartiger Abend, der alles erlaubt, zulässt und einfängt, was in den drei unterschiedlichen Köpfen vorgeht.
Hawi D'Ehre ist der erfolgreichste Comedy-Podcast Österreichs!

ÜBER DIE AUTOR*INNEN

PAUL PIZZERA

Paul Pizzera wurde 1988 geboren und wuchs im Grazer Umland auf. Ab 2007 studierte er Germanistik sowie Philosophie in Graz, im selben Jahr begann er auf Poetry-Slam-Events aufzutreten. 2011 feierte sein erstes Solo-Kabarett Premiere, mit seinem zweiten Programm „Sex, Drugs & Klei'n'Kunst" tourte er zwischen 2014 und 2017 durch meist ausverkaufte Hallen.
2015 formte er gemeinsam mit Otto Jaus das Austropop-Duo „Pizzera & Jaus", 2016 erreichte ihre dritte Single „Jedermann" Platinstatus, ihre drei Albumveröffentlichungen sind konstant in den österreichischen Charts vertreten. 2023 gründete er mit Sänger Christoph Seiler und Produzent und Gitarrist Daniel Fellner das Musikkollektiv „Aut of Orda". Im Herbst 2023 startete die Kriminalkomödie „Pulled Pork" in den österreichischen Kinos, in der er sein Leinwanddebü gab. 2020 und 2023 veröffentlichte er die ersten beide Bände seiner Buchreihe „Die Kunst der Stunde", in der e sich mit psychischer Gesundheit beschäftigt.

GABI HILLER

Gabi Hiller wurde 1985 im niederösterreichischen Horn geboren. Sie studierte Betriebswirtschaftslehre an der WU Wien sowie Qualitätsjournalismus in Krems. Seit 2007 ist sie für den Radiosender Ö3 tätig, zunächst im Hörerservice, später als Moderatorin. Zwischen 2019 und 2024 moderierte sie zusammen mit Philipp Hansa die Community-Sendung „Frag das ganze Land", bis 2023 zog sie jährlich in den Container des „Ö3 Weihnachtswunders". Als TV-Gesicht flimmerte Gabi Hiller 2023 über die Bildschirme, als sie die ORF 1-Sendung Comedy Challenge moderierte. Mit Philipp Hansa begleitet sie Veranstaltungen als Moderatorin, 2024 führten die beiden durch das Programm der Ö3-Bühne am Donauinselfest.

PHILIPP HANSA

Philipp Hansa, geboren 1990, wuchs in Graz auf und maturierte nach einem Zwischenstopp in Australien am Akademischen Gymnasium. Er studierte Betriebswirtschaftslehre in Graz und Wien, seit 2011 ist er bei Ö3. Seit 2015 moderiert er den Ö3-Wecker und ist damit der bislang jüngste Wecker-Sprecher des Senders, 2022 übernahm er zudem Treffpunkt Sternstunden. Seit 2019 vergibt Philipp Hansa beim Eurovision Song Contest die österreichischen Punkte, bei der Neuauflage der Castingshow Starmania kommentierte er die Sendungen. 2016 gewann er den Österreichischen Radiopreis in der Kategorie Newcomer, 2019 zeichnete ihn die Fachzeitschrift „Der Österreichische Journalist" im Ranking der „Besten 30 unter 30 Journalisten" Österreichs aus.

ICH HABS PHONETISCH NICHT VERSTANDEN!

Ein paar Erklärungen zu Beginn

HAWI
Ein*e Freund*in, ein besonderer Mensch

HAWI D'EHRE
Ein österreichisches Lebensgefühl, dem Paul Pizzera, Gabi Hiller und Philipp Hansa Ausdruck verleihen wollen

HAWI-D'EHRE-MOMENT
Ein besonderes positives/negatives/außergewöhnliches/lustiges/prägendes ... Erlebnis

HAWI ALONSO
Eine unschlagbare, besondere, erwähnenswerte Person

GEFÄHRLICHES HANSWISSEN
Eine überzeugende Aussage, bei der man sich (schon irgendwie) sicher ist, dass sie der Wahrheit entspricht. Sie könnte aber auch komplett falsch sein ...

SCHOCKANT
Ein Synonym für frivol, anstößig

LOBSUCHTSANFALL
Eine aktive Form bzw. Bekundung von Wertschätzung

Dieses Buch gehört: _____

Mein Geburtstag: _____

So alt fühle ich mich: _____

Das wollte ich mal werden: _____

… und hier bin ich gelandet: _____

Heutiges Datum: _____

Ein Foto oder Selbstporträt von mir:

So bin ich X   Und so wäre ich gerne ●

Ökofriend ———————— Klimasünder*in   Bier ———————— Wein   Sportskanone ———————— Couchpotato

Besserwisserisch ———————— Gleichgültig   Musikalisch ———————— Treffe keinen Ton   Allesesser*in ———————— Haglzipf

Schockantes Eckerl

Das sind meine Top 3 erogenen Zonen:

Mein Porno-Name wäre:

Etwas, das mir beim Dirty Talk gesagt wurde:

Mit dieser lebenden oder toten Person möchte ich gern mal in die Sauna:

5 Antworten in 30 Sekunden

Mein absolutes Vorbild ist:

Ich hätte gerne folgende Superkraft:

Das mag ich in meinem Leben am meisten:

Ich bin süchtig nach:

So würde ich gerne heißen:

MEIN HAWI-D'EHRE-MOMENT:

WER WÜRDE EHER?

Eine Therapie machen
GABI   PHILIPP   PAUL   ICH

Ein fremdes Klo verstopfen
GABI   PHILIPP   PAUL   ICH

Eine Woche die gleiche Hose tragen
GABI   PHILIPP   PAUL   ICH

Mit dem Auto wo anfahren
GABI   PHILIPP   PAUL   ICH

Einen schlechten Anmachspruch verwenden
GABI   PHILIPP   PAUL   ICH

Mitglied einer Sekte werden
GABI   PHILIPP   PAUL   ICH

NOCH EIN PAAR DINGE ÜBER MICH

Das kann ich richtig gut:

Das kann ich gar nicht:

An folgendem Ort war ich zum ersten Mal bei „Hawi Live":

Am liebsten einen Abend verbringen würde ich mit:
☐ PAUL   ☐ GABI   ☐ PHILIPP

Folgendem Verein würde ich beitreten:
☐ FRISBEE-CLUB   ☐ TRAMPOLINSPRING-GRUPPE   ☐ STURM-GRAZ-FANCLUB

Mein Lieblingsfortbewegungsmittel:
☐ E-SCOOTER   ☐ FAHRRAD   ☐ AUTO   ☐ SEGELBOOT   ☐ TRAKTOR
☐ SONSTIGES:

Die Fehler, in diesen Satz stöhren mich mehr wie:

Dieses Essen mag ich gar nicht:

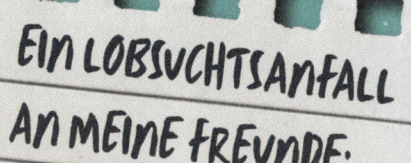

EIN LOBSUCHTSANFALL AN MEINE FREUNDE:

Eine Hoch auf die Freundschaft

Im Intverview geben Paul, Gabi und Philipp einen Einblick in ihre Freundschaft, sie verraten, was für sie das Besondere an Freundschaftsbüchern ist, und vieles mehr.

Wie habt ihr euch kennengelernt?

Paul: Ich habe die zwei charmanten Radiohosts durch die Musik kennengelernt, und diese Bekanntschaft ist dann bei Konzerten backstage zu einer Freundschaft geworden.

Philipp: Stimmt. Die Freundschaft zwischen mir und dem Pauli ist ein bisserl enger als die zur Gabi, weil wir mehr Dinge haben, die uns verbinden, wie zum Beispiel Sturm Graz (lacht). Aber die Gabi ist ein Diamant, den wir hüten.

Gabi: Ja, kann ich eigentlich alles nur unterschreiben. Das ist aber wirklich der Klassiker – beim Saufen kommen die Leit zam.

Ihr sagt, ihr seid manchmal wie Geschwister füreinander. Streitet ihr auch?

> 'Es hat zwischen jedem von uns schon einmal ein bisserl gekracht.
> – PAUL –

Gabi: Ich finde, was die Qualität einer Freundschaft oder auch von Geschwistern ausmacht, ist, dass man sich brühwarm ins Gesicht sagen kann, was man gerade nicht leiwand findet, dann spricht man kurz drüber und damit ist es erledigt.

Paul: Es hat zwischen jedem von uns schon einmal ein bisserl gekracht, am Ende hat es aber wieder gepasst.

Wer entschuldigt sich in der Regel zuerst?

Philipp: Das können wir alle drei. Dafür, dass wir uns alle schon einmal kurz in die Haare bekommen haben, haben wir uns alle auch wieder entschuldigt.

Gabi: Aber ich bin schon oft eifersüchtig auf die beiden. Manchmal reden sie über Dinge, von denen ich nichts weiß. Aber das ist okay. Ich versteh das eh, das sind die zwei Buben...

Paul: Gabriele, du hast ein Haus, einen Job, einen Mann, du hast fünf Geschwister, du hast gefühlt 18 Eltern. Ich habe dich eine Zeit lang öfters angerufen, da ist dann nie wieder etwas zurückgekommen ...

Gabi: Du erwartest dir bei einem Anruf einen Gegenanruf? Gut zu wissen.

Philipp: Es gibt auch einfach Themen, vor denen wir dich schützen – Fußball- oder Sturm-Sachen.

Hattet ihr früher auch Freundschaftsbücher?

Paul: Ja, das weiß ich noch genau. Das war so ein rostfarbenes Freundschaftsbuch. Ich wollte Schauspieler, Skispringer oder Fußballer werden. Und ich musste mich sehr überwinden, es den Mädels zu geben, auf die ich gestanden bin.

Philipp: Ich habe ein Trauma, das ich mit diesem Buch ausmerzen will: Einmal habe ich von einem Kicker-Kollegen ein Freundschaftsbuch bekommen und mich unfassbar darüber gefreut, und kurz darauf hat er erwähnt, dass das für meinen Bruder ist und ich es nur mitnehmen soll ... Das war ein satter Schlag in die Eier.

Gabi: Ich glaube, ich habe mich in mein Freundschaftsbuch selbst am öftesten eingetragen. Das verändert sich ja – einmal steht

man auf die Spice Girls, dann wieder auf die Backstreet Boys ... Meine Freundinnen haben ihre Einträge auch immer wieder durchgestrichen, der Schwarm ändert sich ja wöchentlich.

Könnt ihr euch noch an euren ersten besten Freund oder eure erste beste Freundin erinnern?

> "Ich habe viele langjährige Freundschaften. – GABI –

Philipp: Ja, mit dem zock ich jetzt noch immer hin und wieder. Ich habe ihn ein Jahr vor der Volksschule kennengelernt.

Gabi: In der Schulzeit habe ich meine Girls kennengelernt, mit denen ich jetzt immer noch befreundet bin. Ich habe viele langjährige Freundschaften.

Zum Podcast: Wie seid ihr auf die Idee dazu gekommen?

Philipp: Die Idee zum Podcast hatten Paul und ich, wir wollten aber unbedingt eine weibliche Perspektive miteinbeziehen. Es war sofort klar, das kann nur DIE Gabi Hiller sein. Wir haben ein Jahr, bevor Corona ausgebrochen ist, erstmals aufgenommen. Im Februar 2020 haben wir uns dann entschieden, die erste Folge zu veröffentlichen.

Gabi: Naja, man hat nur die Erste verwenden können … Wir haben insgesamt drei aufgezeichnet, und ab der Zweiten haben wir schon so einen sitzen gehabt, das man uns gar nicht mehr verstanden hat.

Philipp: Inhaltlich wär's bedenklich gewesen!

Gabi: Und die Dritte kannst du dir schon gar nicht anhören. Die ist wirklich unter aller Sau.

„Wir wollten irgendwas, das typisch österreichisch ist!"
— PHILIPP —

Was hat es mit dem Namen „Hawi D'Ehre" auf sich?

Philipp: Wir wollten irgendwas, das typisch österreichisch ist. Es gibt fast nur deutsche Podcasts, zumindest sticht nichts Österreichisches hervor.

Paul: Genau, Dialekt war wichtig.

Welche Namen hattet ihr sonst in petto?

Gabi: Am Anfang „Freundschaft Minus", aber das gab es schon. Oder „Primitivgründig".

Fällt es euch manchmal schwer, Freundschaft und Arbeitsbeziehung auseinanderzuhalten?

Philipp: Für mich ist das ein fließender Übergang. Man nimmt das natürlich als Arbeitstermin wahr, aber danach habe ich immer noch gedacht, schon geil, sich alles von der Seele reden zu können.

Gabi: Es fühlt sich gar nicht an wie Arbeit.

Paul: Man kann sich ja fragen: Wann hat man wirklich eine Dreiviertelstunde Zeit, in der man nur auf ein Gespräch konzentriert ist.

Ihr zeichnet ja wirklich von überall auf …

Paul: Vier Kontinente haben wir schon!

… und was war der verrückteste Ort?

Philipp: Ich schicke Bacalar in Mexiko ins Rennen, Kenia, Tokio …

Gabi: … Die kleine Koje ganz vorne im Katamaran irgendwo in Kroatien …

Paul: … Öfters auch im Auto.

Kommt es vor, dass ihr eine Aufzeichnung verschwitzt?

Paul: Ich mit meinen 33,3 % habe noch keine versäumt. Gabi zwei, Philipp eine. Ich weiß es auswendig.

Gabi: Einmal war ich beim Arzt, und einmal habe ich vergessen …

Philipp: Ich habe mir einmal die Uhrzeit falsch eingetragen, glaub ich.

Wie lange wollt ihr „Hawi D'Ehre" noch weitermachen?

Gabi: Also wir haben gesagt: Bis einer stirbt. Wir haben einmal sinniert, was wäre, wenn einer abtritt, und wir sind zu dem Schluss gekommen, dass niemand ersetzt wird.

Paul: Sagen wir jetzt zumindest.

> "Ein guter Freund, eine gute Freundin ist wie ein guter BH. — GABI —

Was bedeutet Freundschaft für euch?

Gabi: Ein guter Freund, eine gute Freundin ist wie ein guter BH. Der lässt dich nicht hängen, unterstützt dich und ist ganz nah bei deinem Herzen.

Philipp: Bei den engsten Freunden muss man nicht aufpassen, was man sagt. Da kann man sich schwach zeigen, mit all seinen Herausforderungen, ob physisch oder psychisch. •

> ES WAR DER RICHTIGE MENSCH IM RICHTIGEN MOMENT IN MEINEM LEBEN.
> PHILIPP IN FOLGE 183

WIE ALLES BEGANN ...

Von „Freundschaft Minus" über „Lustdolch" bis hin zu „Pod Volée" ... Na Hawi D'Ehre! Hier ein kleiner Auszug aus den streng geheimen Chatverläufen von Paul, Gabi und Philipp.

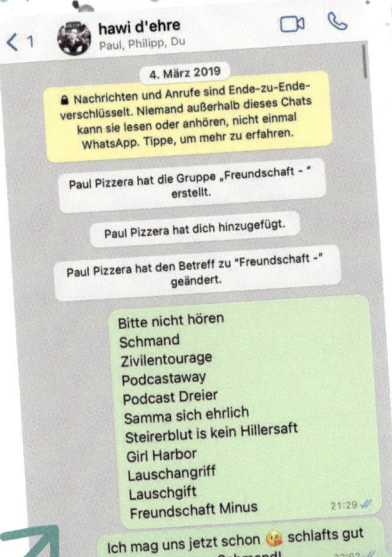

BRAINSTORMING ...

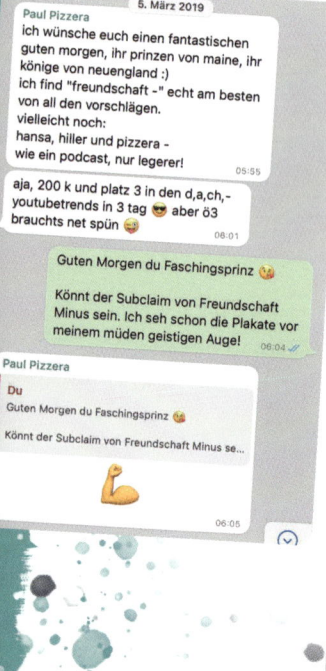

Mein Name: Gabi Hiller

Mein Geburtstag: 1. August 1985

So alt fühle ich mich: 27

Das wollte ich mal werden: Chefin oder Rechtsanwältin

... und hier bin ich gelandet: Moderatorin, Podcasterin, Poncho-Model

Heutiges Datum: 14. August 2024

So bin ich ✗ und so wäre ich gerne ●

Ökofriend ———●——————✗——— Klimasünder*in   Stadtkind ———✗————————●— Landei   Sportskanone —●————————✗— Couchpotato

Naschkatze ✗—————————●— Knabberzeug-Esser*in   Musikalisch —————●————✗— Treffe keinen Ton   Leseratte ——●——————————✗ Film-Junkie

Ich esse süß und sauer gern!

Schockantes Eckerl

Das sind meine Top 3 erogenen Zonen:
Buckel, Schädl, Orsch

Mit so vielen Personen hab ich bereits geschmust:
... es sind nicht so viele wie es Hawi-Folgen gibt, aber fast.

Ein außergewöhnlicher Ort, an dem ich bereits Sex hatte:
in der Gondel (beim Skifahren)

Mit dieser lebenden oder toten Person möchte ich gern in die Sauna:
Queen Elizabeth II, JLo, Ryan Gosling & Eva Mendes.
(Und am liebsten mit allen gleichzeitig)

5 Antworten in 30 Sekunden

Das mache ich als Erstes in einem Hotelzimmer:
Schmusen oder WLAN-Code suchen

Mein absolutes Vorbild:
sind meine Eltern und ihre Ehe

Ich hätte gerne folgende Superkraft:
Fliegen

Mein Happy Place ist:
Unser Haus

So würde ich gerne heißen:
Gabi, beste Freundin von JLo

EIN GEMEINSAMER HAWI-D'EHRE-MOMENT:

Wir fahren zu dritt zu einem Hawi-Live-Auftritt. Ich steig zu Philipp ins Auto. Er fragt mich: "Na kleine Gabi, wie gehts dir heute?" Ich fang an zu weinen und sag: "Bitte frag mich nicht." Philipp erzählt sofort eine sehr unterhaltsame Geschichte von seinem erfinderischen Haushaltsyoga. Wir treffen uns an der Raststation mit dem Pauli und steigen um zu ihm. Paul fragt mich: "Gabriele, wie gehts dir?" Ich fang an zu weinen und sag: "Bitte frag mich nicht." Paul erzählt sofort eine sehr unterhaltsame Geschichte rund um seine fast ausgeprägten digitalen Kenntnisse. Was ich damit sagen will: Nur wenn man weiß, dass die fragende Person wirklich an deinem Gefühlszustand interessiert ist, passiert es, instantly zu weinen. Hawi D'Ehre. Und nur wenn die fragende Person dich richtig gut kennt, findet sie im richtigen Moment die richtigen Worte, um dir ein Wohlgefühl zu bescheren. Hawi D'Ehre <3

WER WÜRDE EHER?

Ein Haus bauen
PAUL (GABI) PHILIPP

Einen FKK-Urlaub machen
PAUL (GABI) PHILIPP

Eine Woche die gleiche Hose tragen
PAUL GABI (PHILIPP)

Mit dem Auto wo anfahren
PAUL GABI (PHILIPP)

Einen schlechten Anmachspruch verwenden
(PAUL) GABI PHILIPP

Alleine Urlaub machen
(PAUL) GABI PHILIPP

NOCH EIN PAAR DINGE ÜBER MICH

Das kann ich richtig gut:
nix tun

Das kann ich gar nicht:
singen

An folgendem Ort war ich zum ersten Mal bei „Hawi Live":
Globe, Wien <3

Am liebsten einen Abend verbringen würde ich mit:
☒ PAUL ☐ GABI ☒ PHILIPP einem müden Philipp und einem kranken Pauli. In diesen Zuständen find ich die beiden am lustigsten.

Folgendem Verein würde ich beitreten:
☐ FRISBEE-CLUB ☒ TRAMPOLINSPRING-GRUPPE ☐ STURM-GRAZ-FANCLUB

Mein Lieblingsfortbewegungsmittel:
☒ E-SCOOTER ☒ FAHRRAD ☒ AUTO ☒ SEGELBOOT ☒ TRAKTOR
☒ SONSTIGES: Rollerskates

Dieses Tier mag ich gar nicht:
Platz 1 Schlange, Platz 2 Hund

So nennen mich meine Eltern:
Zwetschke

EIN LOBSUCHTSANFALL AN UNSERE FREUNDSCHAFT:

Philipp und Pauli sind wie ein guter BH: Sie geben mir Halt, unterstützen mich optimal und ich trag sie ganz nah am Herzen.

GABBY'S CORNER

STAMMBUCHAUSZUG MIT PFERDE-PICKERL!

Liebe Leute groß und klein,
haltet mir mein Stammbuch rein
reißt mir keine Blätter raus,
denn das sieht so häßlich aus!

Ich heisse: MILLER Gabriele
bin geboren am: 1.8.1985
Ich bin jetzt 10 Jahre alt
und zur Zeit 148 cm gross
Meine Anschrift: 3730 Plattern

Telefon: 02984/3424
Mein Lieblingsfach in der Schule: Turnen
Ich will einmal Kinderärztin werden.

Meine Eltern heissen: Johann und Mathilda Heller
Und das sind meine besten Freunde: Julia, Beate, Daniela, Marlene, Verena, Birgit, Marlena
Hoffentlich habe ich keinen vergessen! Nicole, Sabine,
Am liebsten spielen wir: verschieden
Meine weiteren Hobbies sind: Schwimmen, Radfahren, Eislaufen, Skateboard fahren, Roller skates fahren
Als liebste Popgruppe höre ich gern: Kuschelrock 1
~~verschiedenes~~ Offspring, Van Halen
Und so heisst mein liebster Song: alles,
fast alle
Zur Erinnerung: an Gabriele Heller

MEIN FREUNDSCHAFTSBUCH MIT 10 JAHREN

Name: Miller Gabriele
geboren am: 1.8.1985

MEIN FREUNDSCHAFTSBUCH MIT 12 JAHREN

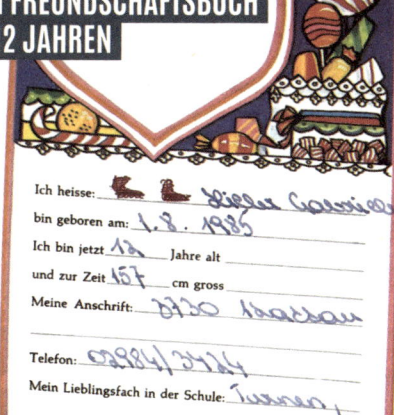

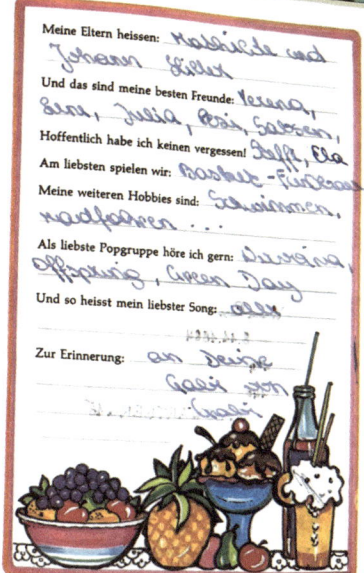

SCHÜLER-
AUSWEIS

WER WÜRDE EHER?

Sich beim Sex übergeben
PAUL <u>GABI</u> PHILIPP

Eine Therapie machen
<u>PAUL</u> GABI PHILIPP

Beim Autofahren jemandem den Mittelfinger zeigen
PAUL <u>GABI</u> PHILIPP

In einem Swingercasting landen
PAUL <u>GABI</u> PHILIPP

Jemanden mit einem Taferl vom Flughafen abholen
PAUL GABI <u>PHILIPP</u>

Eine Rechnung kontrollieren
PAUL <u>GABI</u> PHILIPP

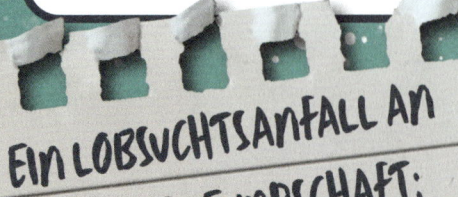

EIN GEMEINSAMER HAWI-D'EHRE-MOMENT:

Wir feiern unsere ersten gemeinsamen Erfolge beim Pauliño in Hotelzimmer am Balkon. Er entschuldigt sich kurz. Aus kurz wird lang. Wir gehen ins Zimmer, er schnarcht im Bett. Verstörte Blicke durchstreifen den Raum. Jeder geht heim.

EIN LOBSUCHTSANFALL AN UNSERE FREUNDSCHAFT:

Die Gabi wird da sicher wieder irgendwas nit šu schreiben, deswegen nehm ich die unter Flak: Unsere Freundschaft ist jeden Tag bei mir, wenn ich euch nicht hab, fühle ich mich nackt & manchmal wird's auch dreckig.

NOCH EIN PAAR DINGE ÜBER MICH:

Das kann ich richtig gut:
MENSCHEN IHRE ÄNGSTE NEHMEN

Das kann ich gar nicht:
STICKEN

An folgendem Ort war ich zum ersten Mal bei „Hawi Live":
GLOBE WIEN EMOTIONAL: NIRVANA

Am liebsten einen Abend verbringen würde ich mit:
☐ PAUL ☐ GABI ☒ PHILIPP DAMIT KEINER DER 2 AFFEN ENTTÄUSCHT IST.

Folgendem Verein würde ich beitreten:
2 FRISBEE-CLUB 3 TRAMPOLINSPRING-GRUPPE 1 STURM-GRAZ-FANCLUB

Dieses Essen mag ich gar nicht:
GURKE, MELANZANI, WEIßE SAUCEN

Mit diesem Promi würde ich gerne einmal reden:
DENZEL WASHINGTON

Diesen Kinderseriensoundtrack kann ich noch immer auswendig:
SAILOR MOON, DRAGON BALLZ

Mein Name: PHILIPP "ARTHUR" HANSA
Mein Geburtstag: 03.06.1990
So alt fühle ich mich: 74
Das wollte ich mal werden: FAMILIENVATER
... und hier bin ich gelandet: RADIO & PODCAST
Heutiges Datum: 18.8.2024

SO BIN ICH X   UND SO WÄRE ICH GERNE ●

Überpünktlich ○ — Unpünktlich ✗
Frühaufsteher*in ○ — Nachteule
Handwerklich begabt ○ — Zwei linke Hände ✗
Besserwisserisch KEIN ○ — Gleichgültig ✗
Prüde KEIN ○ — Versaut
Allesesser*in ○ ABER WIRD BESSER!! — Haglzipf ✗

5 ANTWORTEN IN 30 SEKUNDEN:

Das mag ich in meinem Leben am meisten:
DAS VERTRAUEN, DASS ALLES GUT WIRD

Ich bin süchtig nach:
BIANCAS' UMARMUNGEN!

Der Name meiner ersten großen Liebe lautet:
AUSTRALIEN, STURM GRAZ

Über dieses Thema hab ich mal ein Referat gehalten:
IVICA VASTIC

Dieses Motiv war auf meiner Schultasche:
REX (VON KOMMISSAR REX)

SCHOCKANTES ECKERL

Mein Porno-Name wäre:
GISELA KLAPPSTUHL

Etwas, das mir beim Dirty Talk gesagt wurde:
DREH DAS LICHT AB!

Ich bin offen fürs Swingen:
☐ JA   ☒ NEIN   ☐ VIELLEICHT

Einen Zeck im Intimbereich würde ich mir von folgender Person entfernen lassen: HAT SICH BEWÄHRT: MEINER MUTTER!

PHILIPP'S SCHMAND

(... irgendwo musste das Wort einfach eingebaut werden!)

MEINE ERSTE GROSSE LIEBE: SK STURM GRAZ

FAMILY TIME

MEIN DAD: FRITZ <3

MEIN BRUDER UND ICH

ERSTE SCHRIFTSTELLERISCHE VERSUCHE

Das Wildschwein

Das Wildschwein trägt auf seinem kräftigen Hals eine Mähne. An der Spitze des Schwanzes sitzt ein kleines Haarbüschel. Das Fell des Wildschweines ist dunkelbraun bis hellgrau.

Vor Beginn des Winters legt sich das Wildschwein eine Fettschicht zu. Das erwachsene Männchen heißt „Keiler", die Jungen heißen „Frischlinge" und das Weibchen heißt „Bache". Das Wildschwein ist in der Dämmerung und zur Nachtzeit unterwegs. Es ist ein Langläufer und kann Geschwindigkeiten von 50 Stundenkilometer erreichen.

Das Wildschwein ernährt sich von Eichlen, Würmern, Wurzeln und Schilffgras, Getreide, Mais und Kartoffeln.

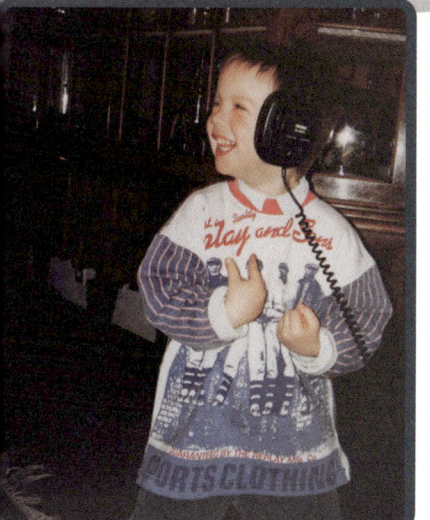

BESAGTE SCHULTASCHE

Mein Name: Paul Pizzera

Mein Geburtstag: 17.07.1988

So alt fühle ich mich: 4

Das wollte ich mal werden: Fußballer, Schauspieler, Putzmann

... und hier bin ich gelandet: Bühne ... 1 von 3

Heutiges Datum: 5.8.2024

SO BIN ICH X   UND SO WÄRE ICH GERNE ●

queere	—	straight (X)
Winterurlaub	—	Sommerurlaub (X)
Ordnung (X)	—	Chaos
10-Finger-System	—	„Adler-System" (X)
Radfahrer*in	—	Autofahrer*in (X)
Stilikone	—	Mode-Pauli (X)

SCHOCKANTES ECKERL

In so vielen Ländern hatte ich bereits Sex:
Wenn der Erdbeerland zählt dann 31.

Mein Porno-Name wäre:
Squirt Cobain

Ich bin offen fürs Swingen:
☒ JA   ☐ NEIN   ☐ VIELLEICHT

Mit dieser lebenden oder toten Person möchte ich gern mal in die Sauna: Joe Biden. De gilt beiders.

5 ANTWORTEN IN 30 SEKUNDEN

Mein absolutes Vorbild ist:
Thomas Spitzer / Nora Spitzer

Das wäre der perfekte Heiratsantrag:
ääh ... ja.

Das mag ich in meinem Leben am meisten:
Musik

Ich hätte gerne folgende Superkraft:
Alle Instrumente beherrschen

So würde ich gerne heißen:
David Laymann

EIN LOBSUCHTSANFALL AN UNSERE FREUNDSCHAFT:

Ich bin einfach glücklich ein Teil sein zu dürfen.

NOCH EIN PAAR DINGE ÜBER MICH

Das kann ich richtig gut:
Zuhören

Das kann ich gar nicht:
geduldig sein

An folgendem Ort war ich zum ersten Mal bei „Hawi Live":
Globe Wien

Am liebsten einen Abend verbringen würde ich mit:
☒ PAUL   ☐ GABI   ☐ PHILIPP

Folgendem Verein würde ich beitreten:
☐ FRISBEE-CLUB   ☐ TRAMPOLINSPRING-GRUPPE   ☒ STURM-GRAZ-FANCLUB

Die Fehler, in diesen Satz stöhren mich mehr wie:
Olympiade. Quantenspruch

Das Unnötigste, das ich mir jemals gekauft habe:
Eine Hodenbadewanne

Diesen Song singe ich am liebsten in einer Karaoke-Bar:
Grace Kelly - Mika

WER WÜRDE EHER?

Beim großen Geschäft die Türe offen lassen
PAUL   <u>GABI</u>   PHILIPP

Mit einer fremden Person schmusen
PAUL   <u>GABI</u>   PHILIPP

Ein Auto verschenken
<u>PAUL</u>   GABI   PHILIPP

Ein fremdes Klo verstopfen
PAUL   <u>GABI</u>   PHILIPP

Keine Probleme ohne Datenvolumen haben
PAUL   <u>GABI</u>   PHILIPP

Auf einen Trickbetrug reinfallen
PAUL   GABI   <u>PHILIPP</u>

EIN HAWI-D'EHRE-MOMENT: UNSER ERSTES HAWI-SHOOTING IM MAI 2019

PAUL'S RETRO PICS

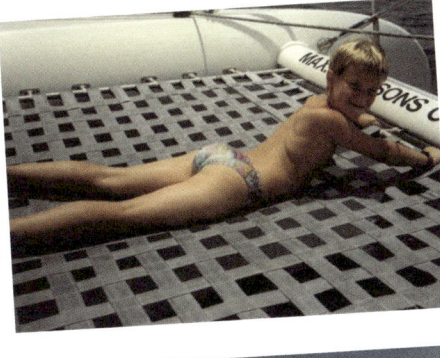

Ein Lobsuchtsanfall an alle Hawis:

Liebe Hawis!

Danke, dass ihr die liebste, süßeste und lustigste Community seid!

Auf viele weitere hawitastische Momente! ♥

Wer würde eher?

Sich ein Intimpiercing stechen
PAUL GABI (PHILIPP)

Ein fremdes Klo verstopfen
PAUL (GABI) PHILIPP

Sich beim Sex übergeben
(PAUL) GABI PHILIPP

Ein Haus bauen
PAUL (GABI) PHILIPP

Eine Therapie machen
(PAUL) GABI PHILIPP

Jemanden beim Autofahren den Mittelfinger zeigen
PAUL (GABI) PHILIPP

Noch ein paar Dinge über mich

Das kann ich richtig gut:
Basteln

Das kann ich gar nicht:
Nachgeben und Stricken

An folgendem Ort war ich zum ersten Mal bei „Hawi Live":
Globe Wien

Am liebsten einen Abend verbringen würde ich mit:
☐ PAUL ☐ GABI ☐ PHILIPP ☒ allen dreien beim Hawi Live

Folgendem Verein würde ich beitreten:
☐ FRISBEE-CLUB ☒ TRAMPOLINSPRING-GRUPPE ☐ STURM-GRAZ-FANCLUB

Die Fehler, in diesen Satz stöhren mich mehr wie:
Kabelsalat

Das Unnötigste, das ich mir jemals gekauft habe:
Papiloten

Diesen Song singe ich am liebsten in einer Karaoke-Bar:
Lemon Tree

Ein gemeinsamer Hawi-d'Ehre-Moment:

Endstation Würstlbude nachm Hawi Live in Salzburg 2023!
(Genaueres wird nicht verraten 😶)

Christina von @hawi.dehre.fans

Mein Name: Christina aka Chrissly-Bär

Mein Geburtstag: 27. Jänner 1990

So alt fühle ich mich: je nach Situation: zw. 13 und 57

Das wollte ich mal werden: Fotografin

... und hier bin ich gelandet: im analogen & digitalen Kreativbereich

Heutiges Datum: 15. August 2024

SO BIN ICH ✗   UND SO WÄRE ICH GERNE ●

Leseratte •————Serien————✗ Filmjunkie   Naschkatze ✗————●———— Knabberzeug-Esser*in   Stadtkind ✗●———————— Landei

queere ————————⊗—— straight   Radfahrer*in •——————————✗ Autofahrer*in   Frühaufsteher*in •●———————✗ Nachteule

5 ANTWORTEN IN 30 SEKUNDEN

Mein absolutes Vorbild ist:
Jennifer Weist & Tara-Louise Wittwer

Das wäre der perfekte Heiratsantrag:
Keiner! Gemeinsame Entscheidung!

Das mag ich in meinem Leben am meisten:
meine Lebensbegleiter:innen

Ich hätte gerne folgende Superkraft:
mich und andere teleportieren

So würde ich gerne heißen:
Luna Langstrumpf

SCHOCKANTES ECKERL

In so vielen Ländern hatte ich bereits Sex:
würde ich auch gern wissen ...

Mein Porno-Name wäre:
Lady Vulvarine

Ich bin offen fürs Swingen:
☐ JA   ☐ NEIN   ☒ VIELLEICHT

Mit dieser lebenden oder toten Person möchte ich gern mal in die Sauna: Jennifer Weist und Corey Taylor

AUFWÄRMRUNDE
FÜR ALLE

Auf den folgenden Seiten gibt's ein paar anonyme Fragen zum Einstimmen …

NICHTS ALS DIE WAHRHEIT

Ergänze für jedes „Ja" ein Stricherl:

Warst du schon einmal beim Intimwaxing/Sugaring?
|

Hattest du schon einmal einen Dreier?
|

Warst du schon einmal in einer Penisbar?
|

Hast du schon einmal dein Auto nicht mehr gefunden?
|||

Hast du schon einmal ein Kind zum Weinen gebracht?
()||

Hast du schon einmal Geschirrspülmittel in den Geschirrspüler gegeben?
|

Hast du schon einmal unabsichtlich gelogen (gefährliches Hanswissen)?
||||

Hast du schon einmal Trockenshampoo benutzt?
||

Hattest du schon einmal Sex mit der Ex?
|||

Warst du einmal in deine*n Lehrer*in verliebt?
|

Hattest du schon einmal Sex in der Therme?
|||

Hast du beim Fliegen Absturzangst?
||

Hast du schon einmal im Beisein deiner Eltern eine Sexszene geschaut?
|||

Warst du schon einmal auf einer Sex-Positivity-Party?
|

Hattest du schon einmal Mordgedanken, weil jemand geschnarcht hat?
||

Zebedäun

Bäniss

Anderes Wort für
PENIS

Brauch ich nicht.

Schupfnudl

PUDENDUM FEMININUM

Fiffi

ANDERES WORT FÜR
VULVA

Feige

Wätscheina

PLATZ FÜR FLACHWITZE

Philipp Brunst

DER HUMMELBÄR FRAGTE DEN IMKER: "WO SIND DIE BIENEN?"

Wie nennt man einen
Delfin in Unterhose?
Slipper!

Sitzt einer
im Stehcafé.

LIEBLINGS-ZITATE

Platz für die besten Lebensweisheiten oder lustigsten Sprüche:

> BEI SO SPIELEABENDE, DA KOMMT DER WAHRE CHARAKTER VON FREUNDEN RAUS.
> Gabi #86

> BLEIB ANGSTFREI, LIEBEVOLL UND ABSOLUT OPTIMISMUS-SCHWANGER!
> Paul #135

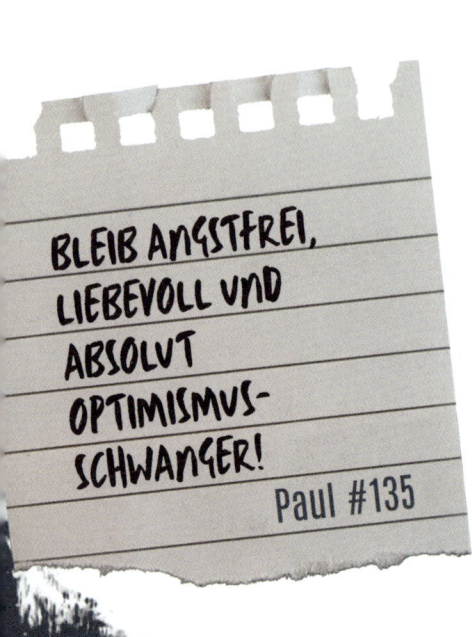

HAWIS HOITN ZAMM UND NIEMOIS DIE GOSCHN!
PAUL IN FOLGE 140

ES IST SCHWIERIG MIT DIR, ABER GLEICHZEITIG SEHR SCHÖN.
Philipp #78

BACK TO THE ROOTS

Platz für Kinderfotos:

WIR SIND FÜREINANDER DA!
PHILIPP IN FOLGE 164

AUF DIE PLÄTZE,
FERTIG, LOOOS!
Auf den nächsten Blättern folgen die individuellen Hawi-Alonso-Ausfüllseiten:

Mein Name: _____

Mein Geburtstag: _____

So alt fühle ich mich: _____

Das wollte ich mal werden: _____

… und hier bin ich gelandet: _____

Heutiges Datum: _____

Ein Foto oder Selbstporträt von mir:

SO BIN ICH ✕   UND SO WÄRE ICH GERNE ●

| Ökofriend | Klimasünder*in | Stadtkind | Landei | Sportskanone | Couchpotato |
| Naschkatze | Knabberzeug-Esser*in | Musikalisch | Treffe keinen Ton | Leseratte | Film-Junkie |

SCHOCKANTES ECKERL

Das sind meine Top 3 erogenen Zonen:

Mit so vielen Personen hab ich bereits geschmust:

Ein außergewöhnlicher Ort, an dem ich bereits Sex hatte:

Mit dieser lebenden oder toten Person möchte ich gern mal in die Sauna:

5 ANTWORTEN IN 30 SEKUNDEN

Das mache ich als Erstes in einem Hotelzimmer:

Mein absolutes Vorbild ist:

Ich hätte gerne folgende Superkraft:

Mein Happy Place ist:

So würde ich gerne heißen:

EIN GEMEINSAMER HAWI-D'EHRE-MOMENT:

WER WÜRDE EHER?

Ein Haus bauen
DU   ICH

Einen FKK-Urlaub machen
DU   ICH

Eine Woche die gleiche Hose tragen
DU   ICH

Mit dem Auto wo anfahren
DU   ICH

Einen schlechten Anmachspruch verwenden
DU   ICH

Alleine Urlaub machen
DU   ICH

NOCH EIN PAAR DINGE ÜBER MICH

Das kann ich richtig gut:
_____

Das kann ich gar nicht:
_____

An folgendem Ort war ich zum ersten Mal bei „Hawi Live":
_____

Am liebsten einen Abend verbringen würde ich mit:
☐ PAUL   ☐ GABI   ☐ PHILIPP

Folgendem Verein würde ich beitreten:
☐ FRISBEE-CLUB   ☐ TRAMPOLINSPRING-GRUPPE   ☐ STURM-GRAZ-FANCLUB

Mein Lieblingsfortbewegungsmittel:
☐ E-SCOOTER   ☐ FAHRRAD   ☐ AUTO   ☐ SEGELBOOT   ☐ TRAKTOR
☐ SONSTIGES: _____

Dieses Tier mag ich gar nicht:
_____

So nennen mich meine Eltern:
_____

MEIN LOBSUCHTSANFALL VON MIR FÜR DICH:

WER WÜRDE EHER?

Sich beim Sex übergeben
DU   ICH

Eine Therapie machen
DU   ICH

Beim Autofahren jemandem den Mittelfinger zeigen
DU   ICH

In einem Swingercasting landen
DU   ICH

Jemanden mit einem Taferl vom Flughafen abholen
DU   ICH

Eine Rechnung kontrollieren
DU   ICH

EIN GEMEINSAMER HAWI-D'EHRE-MOMENT:

MEIN LOBSUCHTSANFALL VON MIR FÜR DICH:

NOCH EIN PAAR DINGE ÜBER MICH:

Das kann ich richtig gut:
_____

Das kann ich gar nicht:
_____

An folgendem Ort war ich zum ersten Mal bei „Hawi Live":
_____

Am liebsten einen Abend verbringen würde ich mit:
☐ PAUL   ☐ GABI   ☐ PHILIPP

Folgendem Verein würde ich beitreten:
☐ FRISBEE-CLUB   ☐ TRAMPOLINSPRING-GRUPPE   ☐ STURM-GRAZ-FANCLUB

Dieses Essen mag ich gar nicht:
_____

Mit diesem Promi würde ich gerne ein Foto machen:
_____

Diesen Kinderseriensoundtrack kann ich noch immer auswendig:
_____

Ein Foto oder Selbstporträt von mir:

Mein Name: _____

Mein Geburtstag: _____

So alt fühle ich mich: _____

Das wollte ich mal werden: _____

... und hier bin ich gelandet: _____

Heutiges Datum: _____

SO BIN ICH ✗   UND SO WÄRE ICH GERNE ●

| Überpünktlich — Unpünktlich | Frühaufsteher*in — Nachteule | Handwerklich begabt — Zwei linke Hände |
| Besserwisserisch — Gleichgültig | Prüde — Versaut | Allesesser*in — Haglzipf |

5 ANTWORTEN IN 30 SEKUNDEN:

Das mag ich in meinem Leben am meisten:
_____

Ich bin süchtig nach:
_____

Der Name meiner ersten großen Liebe lautet:
_____

Über dieses Thema hab ich mal ein Referat gehalten:
_____

Dieses Motiv war auf meiner Schultasche:
_____

SCHOCKANTES ECKERL

Mein Porno-Name wäre:
_____

Etwas, das mir beim Dirty Talk gesagt wurde:
_____

Ich bin offen fürs Swingen:

☐ JA   ☐ NEIN   ☐ VIELLEICHT

Einen Zeck im Intimbereich würde ich mir von folgender Person entfernen lassen:
_____

Ein Foto oder Selbstporträt von mir:

Mein Name: _____

Mein Geburtstag: _____

So alt fühle ich mich: _____

Das wollte ich mal werden: _____

... und hier bin ich gelandet: _____

Heutiges Datum: _____

SO BIN ICH ✕   UND SO WÄRE ICH GERNE ●

queere —————————— straight   Winterurlaub —————————— Sommerurlaub   Ordnung —————————— Chaos

10-Finger-System —————————— „Adler-System"   Radfahrer*in —————————— Autofahrer*in   Stilikone —————————— Mode-Fauli

SCHOCKANTES ECKERL

In so vielen Ländern hatte ich bereits Sex: _____

Mein Porno-Name wäre: _____

Ich bin offen fürs Swingen:

☐ JA   ☐ NEIN   ☐ VIELLEICHT

Mit dieser lebenden oder toten Person möchte ich gern mal in die Sauna: _____

5 ANTWORTEN IN 30 SEKUNDEN

Mein absolutes Vorbild ist: _____

Das wäre der perfekte Heiratsantrag: _____

Das mag ich in meinem Leben am meisten: _____

Ich hätte gerne folgende Superkraft: _____

So würde ich gerne heißen: _____

Ein Lobsuchtsanfall von mir für Dich:

Noch ein paar Dinge über mich

Das kann ich richtig gut:

_____

Das kann ich gar nicht:

_____

An folgendem Ort war ich zum ersten Mal bei „Hawi Live":

_____

Am liebsten einen Abend verbringen würde ich mit:
☐ PAUL ☐ GABI ☐ PHILIPP

Folgendem Verein würde ich beitreten:
☐ FRISBEE-CLUB ☐ TRAMPOLINSPRING-GRUPPE ☐ STURM-GRAZ-FANCLUB

Die Fehler, in diesen Satz stöhren mich mehr wie:

_____

Das Unnötigste, das ich mir jemals gekauft habe:

_____

Diesen Song singe ich am liebsten in einer Karaoke-Bar:

_____

Wer würde eher?

Ein Haus bauen
DU   ICH

Einen FKK-Urlaub machen
DU   ICH

Eine Woche die gleiche Hose tragen
DU   ICH

Mit dem Auto wo anfahren
DU   ICH

Einen schlechten Anmachspruch verwenden
DU   ICH

Alleine Urlaub machen
DU   ICH

Ein gemeinsamer Hawi-d'Ehre-Moment:

Ein gemeinsamer Hawi-d'Ehre-Moment:

Noch ein paar Dinge über mich

Das kann ich richtig gut:
___

Das kann ich gar nicht:
___

An folgendem Ort war ich zum ersten Mal bei „Hawi Live":
___

Am liebsten einen Abend verbringen würde ich mit:
☐ Paul ☐ Gabi ☐ Philipp

Folgendem Verein würde ich beitreten:
☐ Frisbee-Club ☐ Trampolinspring-Gruppe ☐ Sturm-Graz-Fanclub

Mein Lieblingsfortbewegungsmittel:
☐ E-Scooter ☐ Fahrrad ☐ Auto ☐ Segelboot ☐ Traktor
☐ Sonstiges: ___

Dieses Tier mag ich gar nicht:
___

So nennen mich meine Eltern:
___

Wer würde eher?

Auf der eigenen Party schlafen gehen
Du   Ich

Sich ein Intimpiercing stechen
Du   Ich

Mitglied einer Sekte werden
Du   Ich

Essiggurkenglas-Wasser trinken
Du   Ich

Eine Therapie machen
Du   Ich

Eine Woche die gleiche Hose tragen
Du   Ich

Mein Lobsuchtsanfall von mir für dich:

Mein Name: _____

Mein Geburtstag: _____

So alt fühle ich mich: _____

Das wollte ich mal werden: _____

… und hier bin ich gelandet: _____

Heutiges Datum: _____

Ein Foto oder Selbstporträt von mir:

SO BIN ICH ✗   UND SO WÄRE ICH GERNE ●

Party-Mäuschen ———— Chillbärchen Bier ———————— Wein Raucher*in ———————— Nichtraucher*in

Veggie ———————— Fleischfresser*in Shopping-Queen ———— Shopping-Muffel Kaffee ———————————— Tee

5 ANTWORTEN IN 30 SEKUNDEN

Das mache ich als Erstes in einem Hotelzimmer:
_____

Mein absolutes Vorbild ist:
_____

Ich hätte gerne folgende Superkraft:
_____

Mein Happy Place ist:
_____

So würde ich gerne heißen:
_____

SCHOCKANTES ECKERL

Das sind meine Top 3 erogenen Zonen:

Mit so vielen Personen hab ich bereits geschmust:

Ein außergewöhnlicher Ort, an dem ich bereits Sex hatte:

Mit dieser lebenden oder toten Person möchte ich gern mal in die Sauna:

Ein Foto oder Selbstporträt von mir:

Mein Name: _____

Mein Geburtstag: _____

So alt fühle ich mich: _____

Das wollte ich mal werden: _____

... und hier bin ich gelandet: _____

Heutiges Datum: _____

SO BIN ICH ✗   UND SO WÄRE ICH GERNE ●

Ökofriend —————————— Klimasünder*in   Raucher*in —————————— Nichtraucher*in   Allesesser*in —————————— Haglzipf

Frühaufsteher*in —————————— Nachteule   Ordnung —————————— Chaos   Allesesser*in —————————— Wein

SCHOCKANTES ECKERL

Mein Porno-Name wäre:

Etwas, das mir beim Dirty Talk gesagt wurde:

Ich bin offen fürs Swingen:
☐ JA   ☐ NEIN   ☐ VIELLEICHT

Einen Zeck im Intimbereich würde ich mir von folgender Person entfernen lassen:

5 ANTWORTEN IN 30 SEKUNDEN:

Das mag ich in meinem Leben am meisten:

Ich bin süchtig nach:

Der Name meiner ersten großen Liebe lautet:

Über dieses Thema hab ich mal ein Referat gehalten:

Dieses Motiv war auf meiner Schultasche:

WER WÜRDE EHER?

Mit dem Auto wo anfahren
DU   ICH

Ein Auto verschenken
DU   ICH

Auf einen Trickbetrug reinfallen
DU   ICH

Mit einer wildfremden Person schmusen
DU   ICH

Mitglied einer Sekte werden
DU   ICH

Eine Woche die gleiche Hose tragen
DU   ICH

EIN GEMEINSAMER HAWI-D'EHRE-MOMENT:

MEIN LOBSUCHTSANFALL VON MIR FÜR DICH:

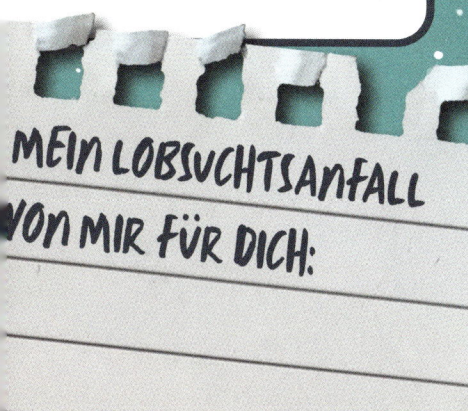

NOCH EIN PAAR DINGE ÜBER MICH:

Das kann ich richtig gut:
___

Das kann ich gar nicht:
___

An folgendem Ort war ich zum ersten Mal bei „Hawi Live":
___

Am liebsten einen Abend verbringen würde ich mit:
☐ PAUL   ☐ GABI   ☐ PHILIPP

Folgendem Verein würde ich beitreten:
☐ FRISBEE-CLUB   ☐ TRAMPOLINSPRING-GRUPPE   ☐ STURM-GRAZ-FANCLUB

Dieses Essen mag ich gar nicht:
___

Mit diesem Promi würde ich gerne ein Foto machen:
___

Diesen Kinderseriensoundtrack kann ich noch immer auswendig:
___

MEIN LOBSUCHTSANFALL VON MIR FÜR DICH:

_____
_____
_____
_____
_____
_____
_____
_____

WER WÜRDE EHER?

Sich ein Intimpiercing stechen
DU   ICH

Ein fremdes Klo verstopfen
DU   ICH

Sich beim Sex übergeben
DU   ICH

Ein Haus bauen
DU   ICH

Eine Therapie machen
DU   ICH

Jemandem beim Autofahren den Mittelfinger zeigen
DU   ICH

NOCH EIN PAAR DINGE ÜBER MICH

Das kann ich richtig gut:
_____

Das kann ich gar nicht:
_____

An folgendem Ort war ich zum ersten Mal bei „Hawi Live":
_____

Am liebsten einen Abend verbringen würde ich mit:
☐ PAUL   ☐ GABI   ☐ PHILIPP

Folgendem Verein würde ich beitreten:
☐ FRISBEE-CLUB   ☐ TRAMPOLINSPRING-GRUPPE   ☐ STURM-GRAZ-FANCLUB

Die Fehler, in diesen Satz stöhren mich mehr wie:
_____

Das Unnötigste, das ich mir jemals gekauft habe:
_____

Diesen Song singe ich am liebsten in einer Karaoke-Bar:
_____

EIN GEMEINSAMER HAWI-D'EHRE-MOMENT:

Ein Foto oder Selbstporträt von mir:

Mein Name: _____

Mein Geburtstag: _____

So alt fühle ich mich: _____

Das wollte ich mal werden: _____

... und hier bin ich gelandet: _____

Heutiges Datum: _____

SO BIN ICH ✗   UND SO WÄRE ICH GERNE ●

Leseratte ——————————— Filmjunkie   Naschkatze ——————————— Knabberzeug-Esser*in   Stadtkind ——————————— Landei

queere ——————————— straight   Radfahrer*in ——————————— Autofahrer*in   Frühaufsteher*in ——————————— Nachteule

5 ANTWORTEN IN 30 SEKUNDEN

Mein absolutes Vorbild ist:
_____

Das wäre der perfekte Heiratsantrag:
_____

Das mag ich in meinem Leben am meisten:
_____

Ich hätte gerne folgende Superkraft:
_____

So würde ich gerne heißen:
_____

SCHOCKANTES ECKERL

In so vielen Ländern hatte ich bereits Sex:
_____

Mein Porno-Name wäre:
_____

Ich bin offen fürs Swingen:
☐ JA   ☐ NEIN   ☐ VIELLEICHT

Mit dieser lebenden oder toten Person möchte ich gern mal in die Sauna:
_____

Mein Name: _____

Mein Geburtstag: _____

So alt fühle ich mich: _____

Das wollte ich mal werden: _____

... und hier bin ich gelandet: _____

Heutiges Datum: _____

Ein Foto oder Selbstporträt von mir:

SO BIN ICH ✗   UND SO WÄRE ICH GERNE ●

Ökofriend	Klimasünder*in	Stadtkind	Landei	Sportskanone	Couchpotato
Naschkatze	Knabberzeug-Esser*in	Musikalisch	Treffe keinen Ton	Leseratte	Film-Junkie

SCHOCKANTES ECKERL

Das sind meine Top 3 erogenen Zonen:

Mit so vielen Personen hab ich bereits geschmust:

Ein außergewöhnlicher Ort, an dem ich bereits Sex hatte:

Mit dieser lebenden oder toten Person möchte ich gern mal in die Sauna:

5 ANTWORTEN IN 30 SEKUNDEN

Das mache ich als Erstes in einem Hotelzimmer:
_____

Mein absolutes Vorbild ist:
_____

Ich hätte gerne folgende Superkraft:
_____

Mein Happy Place ist:
_____

So würde ich gerne heißen:
_____

EIN GEMEINSAMER HAWI-D'EHRE-MOMENT:

WER WÜRDE EHER?

Ein Haus bauen
DU   ICH

Einen FKK-Urlaub machen
DU   ICH

Eine Woche die gleiche Hose tragen
DU   ICH

Mit dem Auto wo anfahren
DU   ICH

Einen schlechten Anmachspruch verwenden
DU   ICH

Alleine Urlaub machen
DU   ICH

NOCH EIN PAAR DINGE ÜBER MICH

Das kann ich richtig gut:

Das kann ich gar nicht:

An folgendem Ort war ich zum ersten Mal bei „Hawi Live":

Am liebsten einen Abend verbringen würde ich mit:
☐ PAUL   ☐ GABI   ☐ PHILIPP

Folgendem Verein würde ich beitreten:
☐ FRISBEE-CLUB   ☐ TRAMPOLINSPRING-GRUPPE   ☐ STURM-GRAZ-FANCLUB

Mein Lieblingsfortbewegungsmittel:
☐ E-SCOOTER   ☐ FAHRRAD   ☐ AUTO   ☐ SEGELBOOT   ☐ TRAKTOR
☐ SONSTIGES:

Dieses Tier mag ich gar nicht:

So nennen mich meine Eltern:

MEIN LOBSUCHTSANFALL VON MIR FÜR DICH:

WER WÜRDE EHER?

Sich beim Sex übergeben
DU   ICH

Eine Therapie machen
DU   ICH

Beim Autofahren jemandem den Mittelfinger zeigen
DU   ICH

In einem Swingercasting landen
DU   ICH

Jemanden mit einem Taferl vom Flughafen abholen
DU   ICH

Eine Rechnung kontrollieren
DU   ICH

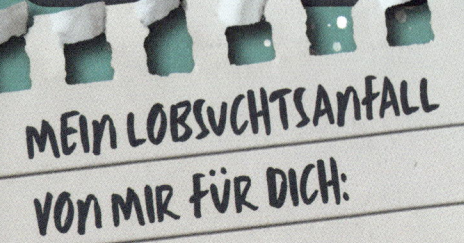

EIN GEMEINSAMER HAWI-D'EHRE-MOMENT:

MEIN LOBSUCHTSANFALL VON MIR FÜR DICH:

NOCH EIN PAAR DINGE ÜBER MICH:

Das kann ich richtig gut:
_____

Das kann ich gar nicht:
_____

An folgendem Ort war ich zum ersten Mal bei „Hawi Live":
_____

Am liebsten einen Abend verbringen würde ich mit:
☐ PAUL   ☐ GABI   ☐ PHILIPP

Folgendem Verein würde ich beitreten:
☐ FRISBEE-CLUB   ☐ TRAMPOLINSPRING-GRUPPE   ☐ STURM-GRAZ-FANCLUB

Dieses Essen mag ich gar nicht:
_____

Mit diesem Promi würde ich gerne ein Foto machen:
_____

Diesen Kinderseriensoundtrack kann ich noch immer auswendig:
_____

Ein Foto oder Selbstporträt von mir:

Mein Name: _____

Mein Geburtstag: _____

So alt fühle ich mich: _____

Das wollte ich mal werden: _____

… und hier bin ich gelandet: _____

Heutiges Datum: _____

SO BIN ICH ✗   UND SO WÄRE ICH GERNE ●

Überpünktlich —————— Unpünktlich   Frühaufsteher*in —————— Nachteule   Handwerklich begabt —————— Zwei linke Hände

Besserwisserisch —————— Gleichgültig   Prüde —————— Versaut   Allesesser*in —————— Haglzipf

5 ANTWORTEN IN 30 SEKUNDEN:

Das mag ich in meinem Leben am meisten:
_____

Ich bin süchtig nach:
_____

Der Name meiner ersten großen Liebe lautet:
_____

Über dieses Thema hab ich mal ein Referat gehalten:
_____

Dieses Motiv war auf meiner Schultasche:
_____

SCHOCKANTES ECKERL

Mein Porno-Name wäre:
_____

Etwas, das mir beim Dirty Talk gesagt wurde:
_____

Ich bin offen fürs Swingen:

☐ JA   ☐ NEIN   ☐ VIELLEICHT

Einen Zeck im Intimbereich würde ich mir von folgender Person entfernen lassen:

Ein Foto oder Selbstporträt von mir:

Mein Name: _____

Mein Geburtstag: _____

So alt fühle ich mich: _____

Das wollte ich mal werden: _____

… und hier bin ich gelandet: _____

Heutiges Datum: _____

SO BIN ICH ✗   UND SO WÄRE ICH GERNE ●

queere —————————— straight
10-Finger-System —————— „Adler-System"
Winterurlaub ——————— Sommerurlaub
Radfahrer*in ——————— Autofahrer*in
Ordnung —————————— Chaos
Stilikone ——————————— Mode-Fauli

SCHOCKANTES ECKERL

In so vielen Ländern hatte ich bereits Sex: _____

Mein Porno-Name wäre: _____

Ich bin offen fürs Swingen:
☐ JA   ☐ NEIN   ☐ VIELLEICHT

Mit dieser lebenden oder toten Person möchte ich gern mal in die Sauna: _____

5 ANTWORTEN IN 30 SEKUNDEN

Mein absolutes Vorbild ist: _____

Das wäre der perfekte Heiratsantrag: _____

Das mag ich in meinem Leben am meisten: _____

Ich hätte gerne folgende Superkraft: _____

So würde ich gerne heißen: _____

Ein Lobsuchtsanfall von mir für dich:

Noch ein paar Dinge über mich

Das kann ich richtig gut:

Das kann ich gar nicht:

An folgendem Ort war ich zum ersten Mal bei „Hawi Live":

Am liebsten einen Abend verbringen würde ich mit:
☐ PAUL   ☐ GABI   ☐ PHILIPP

Folgendem Verein würde ich beitreten:
☐ FRISBEE-CLUB   ☐ TRAMPOLINSPRING-GRUPPE   ☐ STURM-GRAZ-FANCLUB

Die Fehler, in diesen Satz stöhren mich mehr wie:

Das Unnötigste, das ich mir jemals gekauft habe:

Diesen Song singe ich am liebsten in einer Karaoke-Bar:

Wer würde eher?

Ein Haus bauen
DU   ICH

Einen FKK-Urlaub machen
DU   ICH

Eine Woche die gleiche Hose tragen
DU   ICH

Mit dem Auto wo anfahren
DU   ICH

Einen schlechten Anmachspruch verwenden
DU   ICH

Alleine Urlaub machen
DU   ICH

Ein gemeinsamer Hawi-d'ehre-Moment:

Ein gemeinsamer Hawi-d'Ehre-Moment:

Noch ein paar Dinge über mich

Das kann ich richtig gut:
_____

Das kann ich gar nicht:
_____

An folgendem Ort war ich zum ersten Mal bei „Hawi Live":
_____

Am liebsten einen Abend verbringen würde ich mit:
☐ PAUL   ☐ GABI   ☐ PHILIPP

Folgendem Verein würde ich beitreten:
☐ FRISBEE-CLUB   ☐ TRAMPOLINSPRING-GRUPPE   ☐ STURM-GRAZ-FANCLUB

Mein Lieblingsfortbewegungsmittel:
☐ E-SCOOTER   ☐ FAHRRAD   ☐ AUTO   ☐ SEGELBOOT   ☐ TRAKTOR
☐ SONSTIGES: _____

Dieses Tier mag ich gar nicht:
_____

So nennen mich meine Eltern:
_____

Wer würde eher?

Auf der eigenen Party schlafen gehen
DU   ICH

Sich ein Intimpiercing stechen
DU   ICH

Mitglied einer Sekte werden
DU   ICH

Essiggurkenglas-Wasser trinken
DU   ICH

Eine Therapie machen
DU   ICH

Eine Woche die gleiche Hose tragen
DU   ICH

Mein Lobsuchtsanfall von mir für dich:

Mein Name: _____

Mein Geburtstag: _____

So alt fühle ich mich: _____

Das wollte ich mal werden: _____

… und hier bin ich gelandet: _____

Heutiges Datum: _____

Ein Foto oder Selbstporträt von mir:

SO BIN ICH ✕   UND SO WÄRE ICH GERNE ●

Party-Mäuschen —————— Chillbärchen   Bier —————————— Wein   Raucher*in —————— Nichtraucher*in

Veggie —————— Fleischfresser*in   Shopping-Queen —————— Shopping-Muffel   Kaffee —————————— Tee

5 ANTWORTEN IN 30 SEKUNDEN

Das mache ich als Erstes in einem Hotelzimmer:
_____

Mein absolutes Vorbild ist:
_____

Ich hätte gerne folgende Superkraft:
_____

Mein Happy Place ist:
_____

So würde ich gerne heißen:
_____

SCHOCKANTES ECKERL

Das sind meine Top 3 erogenen Zonen:

Mit so vielen Personen hab ich bereits geschmust:

Ein außergewöhnlicher Ort, an dem ich bereits Sex hatte:

Mit dieser lebenden oder toten Person möchte ich gern mal in die Sauna:

Ein Foto oder Selbstporträt von mir:

Mein Name: _____

Mein Geburtstag: _____

So alt fühle ich mich: _____

Das wollte ich mal werden: _____

... und hier bin ich gelandet: _____

Heutiges Datum: _____

SO BIN ICH ✗   UND SO WÄRE ICH GERNE ●

Ökofriend —————————— Klimasünder*in
Raucher*in —————————— Nichtraucher*in
Allesesser*in —————————— Haglzipf
Frühaufsteher*in —————————— Nachteule
Ordnung —————————— Chaos
Allesesser*in —————————— Wein

SCHOCKANTES ECKERL

Mein Porno-Name wäre:

Etwas, das mir beim Dirty Talk gesagt wurde:

Ich bin offen fürs Swingen:
☐ JA   ☐ NEIN   ☐ VIELLEICHT

Einen Zeck im Intimbereich würde ich mir von folgender Person entfernen lassen:

5 ANTWORTEN IN 30 SEKUNDEN:

Das mag ich in meinem Leben am meisten:

Ich bin süchtig nach:

Der Name meiner ersten großen Liebe lautet:

Über dieses Thema hab ich mal ein Referat gehalten:

Dieses Motiv war auf meiner Schultasche:

WER WÜRDE EHER?

Mit dem Auto wo anfahren
DU   ICH

Ein Auto verschenken
DU   ICH

Auf einen Trickbetrug reinfallen
DU   ICH

Mit einer wildfremden Person schmusen
DU   ICH

Mitglied einer Sekte werden
DU   ICH

Eine Woche die gleiche Hose tragen
DU   ICH

EIN GEMEINSAMER HAWI-D'EHRE-MOMENT:

MEIN LOBSUCHTSANFALL VON MIR FÜR DICH:

NOCH EIN PAAR DINGE ÜBER MICH:

Das kann ich richtig gut:
_____

Das kann ich gar nicht:
_____

An folgendem Ort war ich zum ersten Mal bei „Hawi Live":
_____

Am liebsten einen Abend verbringen würde ich mit:
☐ PAUL   ☐ GABI   ☐ PHILIPP

Folgendem Verein würde ich beitreten:
☐ FRISBEE-CLUB   ☐ TRAMPOLINSPRING-GRUPPE   ☐ STURM-GRAZ-FANCLUB

Dieses Essen mag ich gar nicht:
_____

Mit diesem Promi würde ich gerne ein Foto machen:
_____

Diesen Kinderseriensoundtrack kann ich noch immer auswendig:
_____

67

MEIN LOBSUCHTSANFALL VON MIR FÜR DICH:

_____
_____
_____
_____
_____
_____
_____
_____

NOCH EIN PAAR DINGE ÜBER MICH

Das kann ich richtig gut:
_____

Das kann ich gar nicht:
_____

An folgendem Ort war ich zum ersten Mal bei „Hawi Live":
_____

Am liebsten einen Abend verbringen würde ich mit:
☐ PAUL ☐ GABI ☐ PHILIPP

Folgendem Verein würde ich beitreten:
☐ FRISBEE-CLUB ☐ TRAMPOLINSPRING-GRUPPE ☐ STURM-GRAZ-FANCLUB

Die Fehler, in diesen Satz stöhren mich mehr wie:
_____

Das Unnötigste, das ich mir jemals gekauft habe:
_____

Diesen Song singe ich am liebsten in einer Karaoke-Bar:
_____

WER WÜRDE EHER?

Sich ein Intimpiercing stechen
DU   ICH

Ein fremdes Klo verstopfen
DU   ICH

Sich beim Sex übergeben
DU   ICH

Ein Haus bauen
DU   ICH

Eine Therapie machen
DU   ICH

Jemandem beim Autofahren den Mittelfinger zeigen
DU   ICH

EIN GEMEINSAMER HAWI-D'EHRE-MOMENT:

Ein Foto oder Selbstporträt von mir:

Mein Name: _____

Mein Geburtstag: _____

So alt fühle ich mich: _____

Das wollte ich mal werden: _____

... und hier bin ich gelandet: _____

Heutiges Datum: _____

SO BIN ICH X   UND SO WÄRE ICH GERNE ●

Leseratte —————————— Filmjunkie   Naschkatze —————————— Knabberzeug-Esser*in   Stadtkind —————————— Landei

queere —————————— straight   Radfahrer*in —————————— Autofahrer*in   Frühaufsteher*in —————————— Nachteule

5 ANTWORTEN IN 30 SEKUNDEN

Mein absolutes Vorbild ist:
_____

Das wäre der perfekte Heiratsantrag:
_____

Das mag ich in meinem Leben am meisten:
_____

Ich hätte gerne folgende Superkraft:
_____

So würde ich gerne heißen:
_____

SCHOCKANTES ECKERL

In so vielen Ländern hatte ich bereits Sex:
_____

Mein Porno-Name wäre:
_____

Ich bin offen fürs Swingen:
☐ JA   ☐ NEIN   ☐ VIELLEICHT

Mit dieser lebenden oder toten Person möchte ich gern mal in die Sauna:
_____

Mein Name: _____

Mein Geburtstag: _____

So alt fühle ich mich: _____

Das wollte ich mal werden: _____

... und hier bin ich gelandet: _____

Heutiges Datum: _____

Ein Foto oder Selbstporträt von mir:

SO BIN ICH ✗   UND SO WÄRE ICH GERNE ●

| Ökofriend | Klimasünder*in | Stadtkind | Landei | Sportskanone | Couchpotato |
| Naschkatze | Knabberzeug-Esser*in | Musikalisch | Treffe keinen Ton | Leseratte | Film-Junkie |

SCHOCKANTES ECKERL

Das sind meine Top 3 erogenen Zonen:

Mit so vielen Personen hab ich bereits geschmust:

Ein außergewöhnlicher Ort, an dem ich bereits Sex hatte:

Mit dieser lebenden oder toten Person möchte ich gern mal in die Sauna:

5 ANTWORTEN IN 30 SEKUNDEN

Das mache ich als Erstes in einem Hotelzimmer:

Mein absolutes Vorbild ist:

Ich hätte gerne folgende Superkraft:

Mein Happy Place ist:

So würde ich gerne heißen:

EIN GEMEINSAMER HAWI-D'EHRE-MOMENT:

WER WÜRDE EHER?

Ein Haus bauen
DU   ICH

Einen FKK-Urlaub machen
DU   ICH

Eine Woche die gleiche Hose tragen
DU   ICH

Mit dem Auto wo anfahren
DU   ICH

Einen schlechten Anmachspruch verwenden
DU   ICH

Alleine Urlaub machen
DU   ICH

NOCH EIN PAAR DINGE ÜBER MICH

Das kann ich richtig gut:
_____

Das kann ich gar nicht:
_____

An folgendem Ort war ich zum ersten Mal bei „Hawi Live":
_____

Am liebsten einen Abend verbringen würde ich mit:
☐ PAUL ☐ GABI ☐ PHILIPP

Folgendem Verein würde ich beitreten:
☐ FRISBEE-CLUB ☐ TRAMPOLINSPRING-GRUPPE ☐ STURM-GRAZ-FANCLUB

Mein Lieblingsfortbewegungsmittel:
☐ E-SCOOTER ☐ FAHRRAD ☐ AUTO ☐ SEGELBOOT ☐ TRAKTOR
☐ SONSTIGES:
_____

Dieses Tier mag ich gar nicht:
_____

So nennen mich meine Eltern:
_____

MEIN LOBSUCHTSANFALL VON MIR FÜR DICH:

WER WÜRDE EHER?

Sich beim Sex übergeben
DU   ICH

Eine Therapie machen
DU   ICH

Beim Autofahren jemandem den Mittelfinger zeigen
DU   ICH

In einem Swingercasting landen
DU   ICH

Jemanden mit einem Taferl vom Flughafen abholen
DU   ICH

Eine Rechnung kontrollieren
DU   ICH

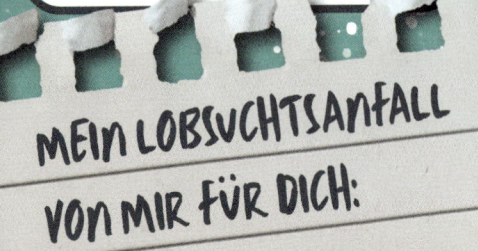

EIN GEMEINSAMER HAWI-D'EHRE-MOMENT:

MEIN LOBSUCHTSANFALL VON MIR FÜR DICH:

NOCH EIN PAAR DINGE ÜBER MICH:

Das kann ich richtig gut:
___

Das kann ich gar nicht:
___

An folgendem Ort war ich zum ersten Mal bei „Hawi Live":
___

Am liebsten einen Abend verbringen würde ich mit:
☐ PAUL   ☐ GABI   ☐ PHILIPP

Folgendem Verein würde ich beitreten:
☐ FRISBEE-CLUB   ☐ TRAMPOLINSPRING-GRUPPE   ☐ STURM-GRAZ-FANCLUB

Dieses Essen mag ich gar nicht:
___

Mit diesem Promi würde ich gerne ein Foto machen:
___

Diesen Kinderseriensoundtrack kann ich noch immer auswendig:
___

Ein Foto oder Selbstporträt von mir:

Mein Name: _____

Mein Geburtstag: _____

So alt fühle ich mich: _____

Das wollte ich mal werden: _____

… und hier bin ich gelandet: _____

Heutiges Datum: _____

SO BIN ICH ✗   UND SO WÄRE ICH GERNE ●

Überpünktlich — Unpünktlich

Besserwisserisch — Gleichgültig

Frühaufsteher*in — Nachteule

Prüde — Versaut

Handwerklich begabt — Zwei linke Hände

Allesesser*in — Haglzipf

5 ANTWORTEN IN 30 SEKUNDEN:

Das mag ich in meinem Leben am meisten:
_____

Ich bin süchtig nach:
_____

Der Name meiner ersten großen Liebe lautet:
_____

Über dieses Thema hab ich mal ein Referat gehalten:
_____

Dieses Motiv war auf meiner Schultasche:
_____

SCHOCKANTES ECKERL

Mein Porno-Name wäre:
_____

Etwas, das mir beim Dirty Talk gesagt wurde:
_____

Ich bin offen fürs Swingen:
☐ JA   ☐ NEIN   ☐ VIELLEICHT

Einen Zeck im Intimbereich würde ich mir von folgender Person entfernen lassen:
_____

Ein Foto oder Selbstporträt von mir:

Mein Name: _____

Mein Geburtstag: _____

So alt fühle ich mich: _____

Das wollte ich mal werden: _____

... und hier bin ich gelandet: _____

Heutiges Datum: _____

SO BIN ICH ✗   UND SO WÄRE ICH GERNE ●

queere —————————— straight
10-Finger-System —————— „Adler-System"
Winterurlaub —————— Sommerurlaub
Radfahrer*in —————— Autofahrer*in
Ordnung —————————— Chaos
Stilikone —————————— Mode-Fauli

SCHOCKANTES ECKERL

In so vielen Ländern hatte ich bereits Sex:

Mein Porno-Name wäre:

Ich bin offen fürs Swingen:
☐ JA   ☐ NEIN   ☐ VIELLEICHT

Mit dieser lebenden oder toten Person möchte ich gern mal in die Sauna:

5 ANTWORTEN IN 30 SEKUNDEN

Mein absolutes Vorbild ist:

Das wäre der perfekte Heiratsantrag:

Das mag ich in meinem Leben am meisten:

Ich hätte gerne folgende Superkraft:

So würde ich gerne heißen:

Ein Lobsuchtsanfall von mir für dich:

Noch ein paar Dinge über mich

Das kann ich richtig gut:

Das kann ich gar nicht:

An folgendem Ort war ich zum ersten Mal bei „Hawi Live":

Am liebsten einen Abend verbringen würde ich mit:
☐ PAUL   ☐ GABI   ☐ PHILIPP

Folgendem Verein würde ich beitreten:
☐ FRISBEE-CLUB   ☐ TRAMPOLINSPRING-GRUPPE   ☐ STURM-GRAZ-FANCLUB

Die Fehler, in diesen Satz stöhren mich mehr wie:

Das Unnötigste, das ich mir jemals gekauft habe:

Diesen Song singe ich am liebsten in einer Karaoke-Bar:

Wer würde eher?

Ein Haus bauen
DU   ICH

Einen FKK-Urlaub machen
DU   ICH

Eine Woche die gleiche Hose tragen
DU   ICH

Mit dem Auto wo anfahren
DU   ICH

Einen schlechten Anmachspruch verwenden
DU   ICH

Alleine Urlaub machen
DU   ICH

Ein gemeinsamer Hawi-d'Ehre-Moment:

Ein gemeinsamer Hawi-d'Ehre-Moment:

Noch ein paar Dinge über mich

Das kann ich richtig gut:
___

Das kann ich gar nicht:
___

An folgendem Ort war ich zum ersten Mal bei „Hawi Live":
___

Am liebsten einen Abend verbringen würde ich mit:
☐ PAUL ☐ GABI ☐ PHILIPP

Folgendem Verein würde ich beitreten:
☐ FRISBEE-CLUB ☐ TRAMPOLINSPRING-GRUPPE ☐ STURM-GRAZ-FANCLUB

Mein Lieblingsfortbewegungsmittel:
☐ E-SCOOTER ☐ FAHRRAD ☐ AUTO ☐ SEGELBOOT ☐ TRAKTOR
☐ SONSTIGES: ___

Dieses Tier mag ich gar nicht:
___

So nennen mich meine Eltern:
___

Wer würde eher?

Auf der eigenen Party schlafen gehen
DU   ICH

Sich ein Intimpiercing stechen
DU   ICH

Mitglied einer Sekte werden
DU   ICH

Essiggurkenglas-Wasser trinken
DU   ICH

Eine Therapie machen
DU   ICH

Eine Woche die gleiche Hose tragen
DU   ICH

Mein Lobsuchtsanfall von mir für dich:

Mein Name: _____

Mein Geburtstag: _____

So alt fühle ich mich: _____

Das wollte ich mal werden: _____

… und hier bin ich gelandet: _____

Heutiges Datum: _____

Ein Foto oder Selbstporträt von mir:

SO BIN ICH ✗   UND SO WÄRE ICH GERNE ●

Party-Mäuschen ——————— Chillbärchen   Bier ——————— Wein   Raucher*in ——————— Nichtraucher*in

Veggie ——————— Fleischfresser*in   Shopping-Queen ——————— Shopping-Muffel   Kaffee ——————— Tee

5 ANTWORTEN IN 30 SEKUNDEN

Das mache ich als Erstes in einem Hotelzimmer:
_____

Mein absolutes Vorbild ist:
_____

Ich hätte gerne folgende Superkraft:
_____

Mein Happy Place ist:
_____

So würde ich gerne heißen:
_____

SCHOCKANTES ECKERL

Das sind meine Top 3 erogenen Zonen:

Mit so vielen Personen hab ich bereits geschmust:

Ein außergewöhnlicher Ort, an dem ich bereits Sex hatte:

Mit dieser lebenden oder toten Person möchte ich gern mal in die Sauna:

Ein Foto oder Selbstporträt von mir:

Mein Name: _____

Mein Geburtstag: _____

So alt fühle ich mich: _____

Das wollte ich mal werden: _____

... und hier bin ich gelandet: _____

Heutiges Datum: _____

SO BIN ICH ✗   UND SO WÄRE ICH GERNE ●

Ökofriend |———————————————| Klimasünder*in
Raucher*in |———————————————| Nichtraucher*in
Allesesser*in |———————————————| Haglzipf
Frühaufsteher*in |———————————————| Nachteule
Ordnung |———————————————| Chaos
Allesesser*in |———————————————| Wein

SCHOCKANTES ECKERL

Mein Porno-Name wäre:
_____

Etwas, das mir beim Dirty Talk gesagt wurde:
_____

Ich bin offen fürs Swingen:
☐ JA   ☐ NEIN   ☐ VIELLEICHT

Einen Zeck im Intimbereich würde ich mir von folgender Person entfernen lassen:
_____

5 ANTWORTEN IN 30 SEKUNDEN:

Das mag ich in meinem Leben am meisten:
_____

Ich bin süchtig nach:
_____

Der Name meiner ersten großen Liebe lautet:
_____

Über dieses Thema hab ich mal ein Referat gehalten:
_____

Dieses Motiv war auf meiner Schultasche:
_____

WER WÜRDE EHER?

Mit dem Auto wo anfahren
DU   ICH

Ein Auto verschenken
DU   ICH

Auf einen Trickbetrug reinfallen
DU   ICH

Mit einer wildfremden Person schmusen
DU   ICH

Mitglied einer Sekte werden
DU   ICH

Eine Woche die gleiche Hose tragen
DU   ICH

EIN GEMEINSAMER HAWI-D'EHRE-MOMENT:

MEIN LOBSUCHTSANFALL VON MIR FÜR DICH:

NOCH EIN PAAR DINGE ÜBER MICH:

Das kann ich richtig gut:
_____

Das kann ich gar nicht:
_____

An folgendem Ort war ich zum ersten Mal bei „Hawi Live":
_____

Am liebsten einen Abend verbringen würde ich mit:
☐ PAUL   ☐ GABI   ☐ PHILIPP

Folgendem Verein würde ich beitreten:
☐ FRISBEE-CLUB   ☐ TRAMPOLINSPRING-GRUPPE   ☐ STURM-GRAZ-FANCLUB

Dieses Essen mag ich gar nicht:
_____

Mit diesem Promi würde ich gerne ein Foto machen:
_____

Diesen Kinderseriensoundtrack kann ich noch immer auswendig:
_____

MEIN LOBSUCHTSANFALL VON MIR FÜR DICH:

_____
_____
_____
_____
_____
_____
_____
_____

NOCH EIN PAAR DINGE ÜBER MICH

Das kann ich richtig gut:
_____

Das kann ich gar nicht:
_____

An folgendem Ort war ich zum ersten Mal bei „Hawi Live":
_____

Am liebsten einen Abend verbringen würde ich mit:
☐ PAUL   ☐ GABI   ☐ PHILIPP

Folgendem Verein würde ich beitreten:
☐ FRISBEE-CLUB   ☐ TRAMPOLINSPRING-GRUPPE   ☐ STURM-GRAZ-FANCLUB

Die Fehler, in diesen Satz stöhren mich mehr wie:
_____

Das Unnötigste, das ich mir jemals gekauft habe:
_____

Diesen Song singe ich am liebsten in einer Karaoke-Bar:
_____

WER WÜRDE EHER?

Sich ein Intimpiercing stechen
DU   ICH

Ein fremdes Klo verstopfen
DU   ICH

Sich beim Sex übergeben
DU   ICH

Ein Haus bauen
DU   ICH

Eine Therapie machen
DU   ICH

Jemandem beim Autofahren den Mittelfinger zeigen
DU   ICH

EIN GEMEINSAMER HAWI-D'EHRE-MOMENT:

Ein Foto oder Selbstporträt von mir:

Mein Name: _____

Mein Geburtstag: _____

So alt fühle ich mich: _____

Das wollte ich mal werden: _____

… und hier bin ich gelandet: _____

Heutiges Datum: _____

SO BIN ICH X UND SO WÄRE ICH GERNE ●

Leseratte —————— Filmjunkie Naschkatze —————— Knabberzeug-Esser*in Stadtkind —————— Landei

queere —————— straight Radfahrer*in —————— Autofahrer*in Frühaufsteher*in —————— Nachteule

5 ANTWORTEN IN 30 SEKUNDEN

Mein absolutes Vorbild ist:
_____

Das wäre der perfekte Heiratsantrag:
_____

Das mag ich in meinem Leben am meisten:
_____

Ich hätte gerne folgende Superkraft:
_____

So würde ich gerne heißen:
_____

SCHOCKANTES ECKERL

In so vielen Ländern hatte ich bereits Sex:
_____

Mein Porno-Name wäre:
_____

Ich bin offen fürs Swingen:
☐ JA   ☐ NEIN   ☐ VIELLEICHT

Mit dieser lebenden oder toten Person möchte ich gern mal in die Sauna:
_____

Mein Name: _____

Mein Geburtstag: _____

So alt fühle ich mich: _____

Das wollte ich mal werden: _____

… und hier bin ich gelandet: _____

Heutiges Datum: _____

Ein Foto oder Selbstporträt von mir:

SO BIN ICH ✗   UND SO WÄRE ICH GERNE ●

Ökofriend	Klimasünder*in	Stadtkind	Landei	Sportskanone	Couchpotato
Naschkatze	Knabberzeug-Esser*in	Musikalisch	Treffe keinen Ton	Leseratte	Film-Junkie

SCHOCKANTES ECKERL

Das sind meine Top 3 erogenen Zonen:

Mit so vielen Personen hab ich bereits geschmust:

Ein außergewöhnlicher Ort, an dem ich bereits Sex hatte:

Mit dieser lebenden oder toten Person möchte ich gern mal in die Sauna:

5 ANTWORTEN IN 30 SEKUNDEN

Das mache ich als Erstes in einem Hotelzimmer:

Mein absolutes Vorbild ist:

Ich hätte gerne folgende Superkraft:

Mein Happy Place ist:

So würde ich gerne heißen:

Ein gemeinsamer Hawi-D'Ehre-Moment:

Noch ein paar Dinge über mich

Das kann ich richtig gut:
___

Das kann ich gar nicht:
___

An folgendem Ort war ich zum ersten Mal bei „Hawi Live":
___

Am liebsten einen Abend verbringen würde ich mit:
☐ PAUL   ☐ GABI   ☐ PHILIPP

Folgendem Verein würde ich beitreten:
☐ FRISBEE-CLUB   ☐ TRAMPOLINSPRING-GRUPPE   ☐ STURM-GRAZ-FANCLUB

Mein Lieblingsfortbewegungsmittel:
☐ E-SCOOTER   ☐ FAHRRAD   ☐ AUTO   ☐ SEGELBOOT   ☐ TRAKTOR
☐ SONSTIGES:
___

Dieses Tier mag ich gar nicht:
___

So nennen mich meine Eltern:
___

Wer würde eher?

Ein Haus bauen
DU   ICH

Einen FKK-Urlaub machen
DU   ICH

Eine Woche die gleiche Hose tragen
DU   ICH

Mit dem Auto wo anfahren
DU   ICH

Einen schlechten Anmachspruch verwenden
DU   ICH

Alleine Urlaub machen
DU   ICH

Mein Lobsuchtsanfall von mir für dich:

WER WÜRDE EHER?

Sich beim Sex übergeben
DU   ICH

Eine Therapie machen
DU   ICH

Beim Autofahren jemandem den Mittelfinger zeigen
DU   ICH

In einem Swingercasting landen
DU   ICH

Jemanden mit einem Taferl vom Flughafen abholen
DU   ICH

Eine Rechnung kontrollieren
DU   ICH

EIN GEMEINSAMER HAWI-D'EHRE-MOMENT:

MEIN LOBSUCHTSANFALL VON MIR FÜR DICH:

NOCH EIN PAAR DINGE ÜBER MICH:

Das kann ich richtig gut:
_____

Das kann ich gar nicht:
_____

An folgendem Ort war ich zum ersten Mal bei „Hawi Live":
_____

Am liebsten einen Abend verbringen würde ich mit:
☐ PAUL   ☐ GABI   ☐ PHILIPP

Folgendem Verein würde ich beitreten:
☐ FRISBEE-CLUB   ☐ TRAMPOLINSPRING-GRUPPE   ☐ STURM-GRAZ-FANCLUB

Dieses Essen mag ich gar nicht:
_____

Mit diesem Promi würde ich gerne ein Foto machen:
_____

Diesen Kinderseriensoundtrack kann ich noch immer auswendig:
_____

Ein Foto oder Selbstporträt von mir:

Mein Name: _____

Mein Geburtstag: _____

So alt fühle ich mich: _____

Das wollte ich mal werden: _____

... und hier bin ich gelandet: _____

Heutiges Datum: _____

SO BIN ICH ✗   UND SO WÄRE ICH GERNE ●

Überpünktlich — Unpünktlich

Besserwisserisch — Gleichgültig

Frühaufsteher*in — Nachteule

Prüde — Versaut

Handwerklich begabt — Zwei linke Hände

Allesesser*in — Haglzipf

5 ANTWORTEN IN 30 SEKUNDEN:

Das mag ich in meinem Leben am meisten:
_____

Ich bin süchtig nach:
_____

Der Name meiner ersten großen Liebe lautet:
_____

Über dieses Thema hab ich mal ein Referat gehalten:
_____

Dieses Motiv war auf meiner Schultasche:
_____

SCHOCKANTES ECKERL

Mein Porno-Name wäre:
_____

Etwas, das mir beim Dirty Talk gesagt wurde:
_____

Ich bin offen fürs Swingen:

☐ JA   ☐ NEIN   ☐ VIELLEICHT

Einen Zeck im Intimbereich würde ich mir von folgender Person entfernen lassen:
_____

Ein Foto oder Selbstporträt von mir:

Mein Name: _____

Mein Geburtstag: _____

So alt fühle ich mich: _____

Das wollte ich mal werden: _____

… und hier bin ich gelandet: _____

Heutiges Datum: _____

SO BIN ICH ✗   UND SO WÄRE ICH GERNE ●

queere —————————— straight
10-Finger-System —————— „Adler-System"

Winterurlaub —————— Sommerurlaub
Radfahrer*in —————— Autofahrer*in

Ordnung —————————— Chaos
Stilikone —————————— Mode-Fauli

SCHOCKANTES ECKERL

In so vielen Ländern hatte ich bereits Sex: _____

Mein Porno-Name wäre: _____

Ich bin offen fürs Swingen:
☐ JA   ☐ NEIN   ☐ VIELLEICHT

Mit dieser lebenden oder toten Person möchte ich gern mal in die Sauna: _____

5 ANTWORTEN IN 30 SEKUNDEN

Mein absolutes Vorbild ist: _____

Das wäre der perfekte Heiratsantrag: _____

Das mag ich in meinem Leben am meisten: _____

Ich hätte gerne folgende Superkraft: _____

So würde ich gerne heißen: _____

Ein Lobsuchtsanfall von mir für dich:

_____
_____
_____
_____
_____
_____
_____
_____

Wer würde eher?

Ein Haus bauen
DU   ICH

Einen FKK-Urlaub machen
DU   ICH

Eine Woche die gleiche Hose tragen
DU   ICH

Mit dem Auto wo anfahren
DU   ICH

Einen schlechten Anmachspruch verwenden
DU   ICH

Alleine Urlaub machen
DU   ICH

Noch ein paar Dinge über mich

Das kann ich richtig gut:
_____

Das kann ich gar nicht:
_____

An folgendem Ort war ich zum ersten Mal bei „Hawi Live":
_____

Am liebsten einen Abend verbringen würde ich mit:
☐ PAUL   ☐ GABI   ☐ PHILIPP

Folgendem Verein würde ich beitreten:
☐ FRISBEE-CLUB   ☐ TRAMPOLINSPRING-GRUPPE   ☐ STURM-GRAZ-FANCLUB

Die Fehler, in diesen Satz stöhren mich mehr wie:
_____

Das Unnötigste, das ich mir jemals gekauft habe:
_____

Diesen Song singe ich am liebsten in einer Karaoke-Bar:
_____

Ein gemeinsamer Hawi-d'Ehre-Moment:

LUST AUF MEHR?

MEHR PODCAST:

Wenn ihr Themen, Ideen oder andere Fragen an Gabi, Paul & Philipp habt, schreibt eine Mail an hallo@hawidehre.at!

Hawi D'Ehre hört ihr überall, wo es Podcasts gibt.

Termine und Tickets für die Live-Shows sowie Merch findet ihr auf: hawidehre.at

Folgt uns auf Instagram & Co: @hawi.dehre.fans

MEHR BÜCHER:

Brennende Themen, unterhaltsam beleuchtet!

In seinen Büchern versucht Paul Pizzera auf humoristische Art und Weise, die Angst vor psychotherapeutischer Unterstützung zu nehmen. In der Lesedauer je einer therapeutischen Sitzung werden Welt-, Frauen- und Selbstbilder penibel gezeichnet und argwöhnisch verworfen, und man versteht, dass jeder Mensch Lehrer und Schüler zugleich sein kann.

Erhältlich im Buchhandel oder www.ueberreuter.at

Bildnachweis:
Vorsatz und Seite 25: Thomas Kamenar
Seiten 3, 4, 5, 32, 33, 44, 45: Moritz Schell
Seiten 16, 21, 24, 30, 31: Martin Steiger
Seiten 6, 7, 10, 13, 30, 31, 41: Martin Krachler
Seiten 11, 30, 31: Mr. Offenblende
Seiten 14, 15, 18, 19, 22, 23, 26, 27, 29: Privatarchiv

1. Auflage 2024
© Carl Ueberreuter Verlag, Wien 2024
ISBN 978-3-8000-7882-0
Alle Rechte vorbehalten. Der Verlag behält sich das Text- und Data-Mining nach dem Urheberrecht vor, was hiermit Dritten ohne Zustimmung des Verlages untersagt ist. Das Werk darf – auch teilweise – nur mit Genehmigung des Verlages wiedergegeben werden.

Graphische Gestaltung: Christina Hornbacher
Coverfoto: Moritz Schell
Druck und Bindung: Imprint d.o.o. | Ljubljana, Slowenien

www.ueberreuter.at